Pilar Aranda López

La ninfa de Aqueloo

Pilar Aranda López

La ninfa de Aqueloo

Colección
Dabisse Romero

Primera edición: mayo 2025

ISBN: 979-13-990163-6-9:
Depósito Legal: 612-2025

Impresión y encuadernación: Podiprint

Directora de la colección: Isabel Romero

© Pilar Aranda López, 2025
© Editorial Anáfora, 2025

Prólogo: José Infante

Diseño y maquetación: Editorial Anáfora
Portada: Regina Maíllo
Logotipo Colección Dabisse Romero: Aguillen Art

Edita: Editorial Anáfora
www.editorialanafora.com
info@editorialanafora.com

PRÓLOGO

A Pilar Aranda sobre un fondo luminoso.

A veces, en estos días preotoñales, amanece nublado y una ligera neblina lo cubre todo hasta que, de pronto, un sol luminoso se va imponiendo y el día triunfa sobre la fugaz niebla de la amanecida. Entonces, se amplían los horizontes y las nubes desaparecen como por ensalmo. Así me imagino siempre a Pilar, sobre un fondo luminoso de un horizonte marino. No sé si es porque la veo en su casa malagueña sobre el Paseo Marítimo. O por el halo que produce su propia persona, acompañada siempre de la luz de la inteligencia y de la palabra bella y exacta.

Madrileña de orígenes malagueños, ella misma lo valora y lo manifiesta de manera rotunda: «Mi vinculación con Málaga es "de raíz". Mi padre era de Álora y también mis abuelos a los que no llegué a conocer. De mi abuelo, Joaquín Aranda Hidalgo, al que llamaban "Joaquín Tabaco", muy reconocido por los amantes de la cultura del flamenco, fue el creador de una malagueña que lleva su nombre. No tuvo una vida artística larga, pues eran otros tiempos y los artistas del "cante" tampoco tenían la fama que tienen ahora.»

Y agrega, cuando se le pregunta por estos orígenes, con un deje de orgullo: «Estas son mis raíces, aquí me encuentro, aquí tengo el mar, como yo digo, mi espejo. Muchos poemas nacieron en la orilla, en conversaciones con el mar, que resultaron ser conversaciones con una misma. La luz de Málaga es otra y el mar es buena compañía. Es cierto que están cambiando las cosas y Málaga no está en su mejor momento. Yo espero que esto pase, porque hay, más allá de las raíces, un fondo de interior inexplicable al que solo llego con los ojos cerrados. ¿Cómo explicar el paso de "El Cautivo" en Semana Santa , aunque la fe sea otra? Lo mismo. Si intentara decir más, acabaría perdida en mis palabras.»

Licenciada en Derecho y Maestra de Primera enseñanza, especializada en Derecho Comunitario, cuya especialidad le ha hecho colaborar en publicaciones dedicadas al tema, aunque su soterrada vocación literaria, a pesar de un trabajo muy alejado de la creación, le ha hecho participar en numerosas antologías en diversos países. Así mismo ha colaborado en revistas y publicaciones poéticas como *Cuadernos de Humo* (que desde Nueva York mantiene con belleza, precisión y gran tesón, el poeta Hilario Barrero), *Álora, la bien cercada, Oriflama*, u *Oleaje*, que ella misma coordina, como hace también con la tertulia literaria del Centro Cultural Buero Vallejo en la Biblioteca Pública Municipal de Canillejas, en Madrid, donde reside.

Su dedicación a la poesía ha sido tardía pero fecunda, y precisamente tuvo su nacimiento en Málaga, en 2016, donde pasa amplias temporadas. Y fue la publicación de su primer libro *Las uvas amarillas,* en una colección absolutamente malagueña, las ediciones cuidadas que hacía Francisco Peralto, gran e histórico editor malagueño desde los años setenta del pasado siglo. Luego volveré sobre esta edición.

Pero puedo contar que ya antes Pilar Aranda había sido una asidua asistente a la tertulia que yo mismo dirigí algunos años, *Los lunes de El Pimpi,* que se celebraban en el Palomar de la célebre y conocida bodega malagueña, que fundara en 1971 el cordobés y generosísimo empresario Paco Campos, en un edificio histórico de la ciudad. Allí fue nuestro conocimiento y allí nació una incipiente amistad, que se ha ido cimentando con los años. Allí conocí sus primeros textos y sorprendido por su altura y calidad, le ofrecí que protagonizara una de las tertulias de los lunes, que entonces eran tan solicitadas. Mi sorpresa fue que Pilar educadamente se excusó diciendo que no se encontraba preparada para protagonizar una de ellas.

Me sorprendió no solo la renuncia, sino su propia humildad dejando la oportunidad de darse a conocer ampliamente como autora, rechazando mi ofrecimiento, porque no se sentía preparada para ser el centro de una de aquellas reuniones culturales, que yo pretendí que excedieran su cometido poético literario para abarcar a otros aspectos de la cultura y el arte, que siempre fue la aspiración con la que acepté el encargo de Paco Campos a mi regreso a Málaga, tras cuarenta años en Madrid; resucitar la ambición literaria y cultural que desde los años setenta había tenido la actividad de la bodega, convertida entonces y durante muchos años en un referente de la cultura malagueña.

En 2016 cuando aparece finalmente *Las uvas amarillas*, escribe Pilar Aranda: «Ha tenido este libro la fortuna de llegar en el momento justo, no es relevante la tardanza… *Las uvas amarillas* son como mares de gracia sin olas ni rocas, redondas, selladas con piel de agua». Sorprendía, desde el inicio, no solo la claridad de intenciones de la recién editada poeta, sino la clarividencia de su disposición a trabajar en esa nueva faceta que inauguraba públicamente, pero que tal vez, había estado soterrada en su propio azogue. Quiero decir que a la poesía se puede llegar desde la inocencia de la juventud, o desde la experiencia que se ha ido madurando en el corazón y en la inteligencia con los años y el trato frecuente con la palabra, que es lo que ya denotaban aquellos primeros versos publicados, fatalmente en su Málaga de origen, Pilar Aranda.

Fue, tal vez no casualmente, en la colección *La botella del náufrago*, de la editorial Corona del Sur, de rancio abolengo en la historia reciente de las ediciones malagueñas de poesía, en la que su artífice Paco Peralto, era un antiguo y generoso y artesanal editor desde los años setenta del pasado siglo. Y digo que tal vez no casualmente, porque los poemas de esta breve y primera entrega de Pilar Aranda, como el amarillo de su nombre, eran ya un madurado fruto de su autora, que eclosionaba porque le era vital y necesario darlo a la luz.

Tú y yo sabemos
Que está al caer noviembre.

Así dice el primer poema de este breve Cuaderno que lleva ilustraciones de Regina Maíllo y que nos habla por su madurez y por su rica expresión de una autora que ha ido madurando largo tiempo sus propias palabras, de una depurada expresión y de una rica sabiduría expresiva sorprende en una primera entrega literaria. Hay mucha y buena lectura tras los versos de *Las uvas amarillas*, como luego, a lo largo de sus sucesivas publicaciones ha ido demostrando Pilar. Ya en las dos partes que conforman su primer libro se descubre todo el universo, rico y profundamente madurado, de la autora. Tanto en los poemas de la parte que dan título al libro como en la segunda parte, *Canto del agua*, donde da entrada a un elemento esencial de su poética, el agua, y también a otros temas básicos de su escritura, el paso del tiempo, la melancolía de la ausencia, la inutilidad del recuerdo, la dulce soledad de los días sin mañana.

También evidencia este primer libro de Pilar Aranda, la forma aforística y la capacidad de síntesis de sus versos, que denotan haber bebido en fuentes que pasan por autores como Pessoa, Borges, Sábato y el gran Gamoneda. Cosa que han ido fructificando y dando ricos frutos en sus sucesivas entregas, *¿Y yo dón-*

de canto?, *Flores en el Ganges*, *Entrevelas*, *Deshielo* y *Fortuna* y que se coronan con este nuevo libro que ahora publica, y simbólicamente de nuevo en su Málaga sublimada, evocada y ardientemente vivida en sus frecuentes y cada vez más continuas estancias en la orilla del mar de su, de nuestra cultura. *La ninfa de Aqueloo*, que comienza con un lema contundente, y que encierra toda la poética de su autora:

«No supo quién era, hasta que la tierra gritó su nombre.»
En este nuevo libro, en una nueva colección malagueña, que dirige Isabel Romero, una fiel continuadora de la tradición impresora y editora de poesía malagueña, hay como una síntesis de la escritura de Pilar Aranda.

Ateniéndonos a la mitología clásica Aqueloo es el padre de las Gorgonas, y cuya musa, a la que alude el título del libro, es Melpómene, hija de Zeus y Mnemósine y una de las musas del teatro, pero sobre todo la musa del canto, de la armonía musical y en algunas ocasiones aparece como madre de las sirenas, que son hijas a su vez de Aqueloo. Melpómene, y es el lado que interesa para interpretar el título que utiliza Pilar para reunir sus poemas y aforismos en esta nueva y malagueña entrega, es la interpretación del mito de la que siendo bella, con poder, amores y gloria, se siente incapaz de ser feliz, y por eso porta frecuentemente la máscara de la tragedia. Teniendo todos los atributos que se pueden poseer, fortaleza, belleza, armas y laureles, no puede ser feliz y está marcada por la soledad y la tristeza.

¿Cómo interpretar este título que ha colocado Pilar Aranda al frente del libro, que ella misma quiere que sea definitivo de su trabajo literario y precisamente en la Málaga de su origen? ¿Estamos ante una confesión autobiográfica de la poeta o es solo la legítima utilización cultural de un mito como un significado sublimado de toda una vida que ha tenido todo lo necesario para optar a la felicidad, pero la dura realidad, la sucia realidad y los pequeños o grandes embates de la muerte, de la soledad, del vacío, de las frustraciones cotidianas, hacen legítimo su utilización simbólica de lo que ha significado profundamente toda una biografía?

Junto a nuevos poemas y aforismos, en este nuevo libro, Pilar Aranda, afina y configura definitivamente algunos textos, antes publicados y que ahora completa con nuevas formulaciones y hallazgos. El lector de *La ninfa de Aqueloo* tiene ante sí el fascinante trabajo de descubrir la verdad literaria y distinguirla de la verdad humana que esconden, sin duda, estos poemas, lo cual hace más apasionante la lectura del libro que ahora nos entrega Pilar. Y que nos coloca en el lugar de apreciar el valor de lo puramente literario como símbolo y señal de una verdad más profunda, que, en este caso, tiene un contenido sostenidamente sereno y una aspiración a la esperanza, a pesar de todas las asechanzas que en la vida pueden atacar la serenidad, el equilibrio, la felicidad y la armonía.

Hay mucha ceniza y oscuridad en el libro, pero también hay una esperanzada aspiración a un sueño diferente y tal vez alcanzable. Y todo ello con un deseo final, el poema con el que cierra el libro, *Regreso*.

Vuelvo al Sur./ Como un pájaro se ha soltado mi pena.

Cuando llega la primavera y los días se hacen largos y la luz se prolonga hasta un crepúsculo luminoso e ilimitado, siempre me imagino, sobre ese fondo de luz y de mar, a Pilar Aranda, en su ventana al Paseo Marítimo, difundiendo esa luminosidad desde sus palabras y también desde sus iluminaciones.

José Infante, Málaga y octubre 2023.

Aqueloo

Nacido de los dioses, el río **Aqueloo** *lleva por el caudal del tiempo a la ninfa que la tierra le ha entregado.*
Ninfa, pensamiento de luz, de cielo y de tormenta. Diosa dentro de un narciso de agua.
Aqueloo *sabe que es corto el río, como la vida, y que el tiempo está en hora para llevar a la ninfa en sus brazos hasta la orilla.*

Primeras palabras.

I

Como el río que nace.

No supo quién era
hasta que la tierra gritó su nombre.

Mitad de la mañana

Aquella luz del patio, luz
del paraíso,
con el ciruelo en flor,
la tierna higuera, madre sombra,
tres niñas,
tres puntos cardinales,
en el sur la mirada de mi padre,
el trono de mi infancia.
Ella, —me canso de decirte— dice
treinta veces al día,
va detrás de mi nombre,
arruga el delantal,
secándose las manos,
ya ha dejado en almidón la ropa blanca
para colgarla después al sol de marzo.

Tres niñas en el patio,
a tres voces, la primavera canta,
el sol que entra en el juego desafía
el escondite.

Por las tapias vecinas

saltan los pájaros,

enredan en la música que sale

del fondo de la casa y acompaña.

Mi padre, con las manos en la tierra

y en sus cosas,

con sordera atenta disimula,

me busca

por el azul del patio,

esquivando las sombras.

Una flor blanca acaba

y se desprende del ciruelo.

Se refugia en mi pecho,

procura no ser vista,

hasta que reconozca la tierra

lo que muere.

Mitad de la mañana,

primavera reciente y el ciruelo

ha empezado a cansarse de sus flores.

Mi corazón era una casa

En tiempos, mi corazón era una casa,
no había otra en el barrio tan alegre
y soleada,
sin verjas, sin reloj, excesos ni cuidados.
El tiempo tenía tiempo
entre las nieves y el fruto.
El llanto de la muerte se escondía
para no ser descubierto.
Era mi corazón la risa de mi madre
mirándola a los ojos.
Mi corazón ahora
es una casa humilde,
donde el amor trabaja
para ganarse la vida.

Como río (*tríptico La ninfa de Aqueloo*)

De niña a niña —la luz—

No se nace hasta que lloras,
como el río nace llorando.
El llanto que la tierra escucha
todavía no ha visto la luz.
La tierra se abre,
respira,
deja que la vida alumbre,
que corra el agua.
Y nacerán peces blancos
que aún no saben picar en la memoria.

De niña a niña —la crecida—

Al paso del río, en los campos cercanos,
crecen en primavera
flores blancas y azules.
De la luz que se viste en el agua
transparente,
aprende la belleza.
El día se recoge, sobrado de tiempo
en la hora tardía del crepúsculo.
Bajo el agua
hay piedras que nacieron piedras,
que tropiezan en los pies delicados,
despiertan la inocencia
y nunca se levantan.
Almiares de besos
se irán quemando de sed
viendo pasar el río.

Así el tiempo irá creciendo con el tiempo.

Cada otoño volverá a desnudar las ramas,

a llevar sus barcos de hojas amarillas

en el curso del río,

recitando los salmos

que conducen al mar.

Anunciará el invierno

con su espada de frío

el deseo de la esperanza.

Así el tiempo irá creciendo con el tiempo,

y una primavera

nacerá la flor

que obligarás a caer

para morder el fruto.

De niña a niña —tiempo de indisciplina y experiencia—

Cuando débil acaba el último latido
de la luna cuna,
entra desvelado el silencio de la noche.
Asombro y tristeza
al descubrir que también
oscurecen y mueren las estrellas.
Escuela de la vida.
Esfuerzo en aprender significados,
lecciones
opuestas
de la Línea maestra que divide
y excluye.
Norte y Sur,
Este y Oeste,
hasta que llegue la lección
magistral de la experiencia,
en ese barco que ha aprendido
a navegar por dos ríos
de aguas claras y oscuras
como el Negro y Solimões,
compartiendo los peces.

Entrenamiento

Calle oscura

Por aquella oscura calle,
en la niña de sus ojos la sombra,
era una sombra oscura,
era una cara blanca.

Aprendizaje

Dejar el vacío,
respetar el espacio
que se debe
al punto y aparte.
Conseguir la distancia.
La siguiente palabra.

En el pinar

*Yo creo que la verdad es perfecta para las matemáticas,
la química, la filosofía, pero no para la vida. En la vida, la ilusión,
la imaginación, el deseo, la esperanza cuentan más.*

Ernesto Sábato

De la casa al pinar, en tu bolsillo
papel y lápiz
para llevar la vida a cuentas.
Sentados a la sombra,
los números se daban boquiabiertos,
con toda garantía, las palabras
medidas en silencios
aprendiendo a respirar.
El pinar de verano ya no existe,
solo ha quedado el árbol,
la raíz más unida a la tierra,
pero más desprendidas las ramas.
Mil preguntas me miran
encerradas,
sin respuesta en el círculo del cero.

Porque la vida a cuentas
es pobre en resultados,
solo apunta el rastro que nos deja
el olor,
como aquel de la tinta al escurrir la pluma,
el tacto de lo viejo en tu chaqueta,
el paso de la hoja al diccionario,
o la nada en la ceniza
de un cigarro
que al caer de la boca interrumpe
las palabras de algún libro.
La vida a cuentas.
Más cerca el infinito
de la tierra donde pesa
el silencio de tu vida.

Porque quiero que sonrías *(a tía Luisa)*

Al volver a la huerta de mi infancia,
a los tupidos valles forestales,
a viejos puentes, calles y portales,
de Galicia, me envuelve la fragancia

de su toquilla. Tocan a distancia
las campanas de iglesias vecinales.
Salta mi corazón con maternales
pensamientos de paz y tolerancia.

Si supieras, no sé lo que daría
por llevarte las cuentas de rubíes
de tu rosario —música, elegía—,

regresarnos un tiempo en compañía,
volverte a preguntar ¿por qué sonríes?,
sabiendo que tú quieres que sonría.

Luz detenida

Con la luz detenida
el pájaro vuelve
a su nido de origen.
Desde allí todavía contempla
en flor, la belleza.
En mi nido de origen
hay lágrimas de madre.
Acaricio esas manos
que envolvieron mi cuerpo
y siento despertar mi corazón.
Fuera de la existencia el miedo,
el olvido no tiene significado.
Luz detenida
entra sin llamar.
Tú solo
mira y escucha.

La mentira

Cuando la luz se desvió de su hora
en los bosques mintió el pájaro,
mintió el girasol,
mintió la flor del pensamiento,
la campana
de la iglesia mintió a la llamada
de la muerte.
Yo no pude mentir porque no vi
esa luz desviada.
Ofrecí mi sonrojo
y silencio a los cuervos
que bajaron pidiendo la culpa,
creyendo
que yo la tenía.

Febrero

Ha cumplido la tierra la promesa
que hizo al tiempo
de labranza.
Mientras el fruto llega,
desde la roca
vigilo a diario la rama.
Prietas las alas,
¡ya preparada
para salir volando!

II

Compartiendo los peces

> *Y llegar, solo si merece la pena*
> *haber llegado.*

Fado

De Oeste,
llorando como un Fado, entra
el olor a verano
de la última tarde de mi juventud.
A la orilla del mar
llegan voces y risas,
con el húmedo gozo
que recuerda mi boca.
Hay señales en la arena,
son puntos de partida
que no se atreven a pisar las olas.
El sonido del corazón se atrasa
para engañar al paso del tiempo,
porque está al caer la noche
y oigo campanadas de otra ausencia.

Ya no estoy obligada a decir,

ni a mostrar mis manos

para justificarme ante la tierra.

Yo sobreviviré a la noche.

A su hora vendrá el día.

Reventará la puerta.

Soltará el disfraz.

Dibujará la cuesta que sube.

Dejará en la mesa el cristal de aumento,

y su paño de luz,

enfermedad para mis ojos.

¡Duele tanto la luz cuando la ausencia!

Febrero en flor *(a Lola Sánchez Platón)*

Aún pesa el frío, todavía

va al abrigo de mis dedos, de mi espalda,

a mi ropa de diario que sigue oliendo a invierno.

A nadie cuento cómo llevo el temblor

de este letargo, cómo sobrevivo

a algún amanecer tras la emboscada de la noche.

A nadie, el sabor recordado de la miel

en unos labios.

Aún pesa el frío pero,

aunque la tierra no confiesa,

está entregada,

en su vientre germina la dicha,

medio ocultos

ya hay rubores de amapolas.

Hoy, en el camino

me he dado la vuelta

a mirar, por si acaso,

pues febrero

cuando quiere llamar mi atención,

lleva un copo de nieve hasta el almendro

que he dejado atrás,

en mañanas tan claras como esta.

¡De qué sirve la gloria! *(a Regina Maíllo)*

Formas vacías,
¿dónde están las cenizas
de mi silencio?

====

Alta mirada,
¡de qué sirve la gloria
si no respiras!

====

Ya creció el día
bastones de la noche
me tienen presa.

====

Muere por ella.
En el fondo del cesto,
la partitura.

Luna invisible,
toda la noche el gato
te anda buscando.

====

Ola de frío,
en la hierba ha quedado
tu sombra blanca.

====

Sobre el paraguas
no replica la lluvia,
no se divierte.

====

Perdido el paso,
la música es un barco
a la deriva.

Lluvia de esperanza

Noche oscura.
Noche de lluvia y viento.
En el cristal de las ventanas doblan
espinas de agua.
Bajo los párpados,
el llanto está buscando causa.
En el vacío de un bosque de ausencias
sobreviven los pensamientos.
La mirada de la muerte
pasa de largo.
La gracia de los dioses,
belleza y fortaleza,
confiesa en el espejo sus grietas.

Saciado de carne el león, latido del amor,
en la cama descansa.
El futuro es un disfraz.
Las sombras respiran y dicen:
libera este ahora sin consuelo,
deja que el tiempo se sacie,
se cargue de lágrimas
y cuando salten al vacío
déjalas llorar aunque no sepan
por qué lloran.

Dos gotas de agua

Salpicó
la fuente y cayeron dos
gotas de agua. Dos
gotas de agua
cayeron en el borde de la piedra.
Desde entonces
cumplen condena, aturdidas
por el ruido incesante del agua.
Sobreviven
a otra sed,
a la provocación de los pájaros.
Pero es ese temblor que combaten
y mantiene distancia
lo que ayuda,
porque saben que juntas irían a morir,
derechas a las sobras de la muerte.

Abrazo en ceniza *(a Félix)*

Juntos,
unidos
como dos caras del mismo
papel de fumar,
prendido el fuego
abrasada el alma,
dejaremos en la tierra las cenizas
del abrazo.
Y ya nosotros humo,
sobre el humo
del olvido.

Consciente ceguera

Tras el cristal oscuro de las gafas,
sus ojos, que de blanco visten,
miran al cielo.
El cielo es una idea trenzada,
creciendo hacia arriba,
el mayor secreto del sentido ausente.
Cuando repasa con sus manos
el perfil de una escultura,
escucha los latidos del artista,
el gemido de la piedra en cada golpe.
Cuando toca la raíz que entierra el árbol,
atiende al canto de la savia
madre que está lavando el fruto
para dejarlo en boca de la rama.
Y si pregunto, insiste
en decir que el olor de la luz
se ha quedado en sus ojos,
igual que en las arrugas de la tierra
el olor de la lluvia,
igual que en el espino
el olor de la sangre que un día probó
sin darse cuenta.

El abrazo *(a Fátima)*

Con gesto humilde acorta la distancia,
y con resplandeciente sonrisa muere
la tristeza, alrededor.
¡Hay tanta bondad en su mirada!
En un abrazo donde cabe el mundo,
puede ceñirse a ti
como si nada más tuviera
que abrazar,
como manta en los hombros que no pesa,
dando justo calor, el necesario.
Y si te acercas
sentirás extrañado
la belleza que acude a tu nombre
cuando ella te llama.

Costumbre

No ignora el amo de la casa
que la costumbre duerme
como un enamorado
sin música ni herida.
Que no responde a la mirada,
lo sabe el amo; sin embargo confía.
Ella irá creciendo con los ojos cerrados,
su ceguera tardará en ser descubierta,
en soledad, se quedará sola,
confundiendo blanco y negro en la memoria,
olvidará cerrar la casa.
Y una noche el viento,
sin tener que forzar la puerta,
invadirá la alcoba,
desnudará las flores.

Tiempos nuevos

De aquellos días

De los días de baile,
de la música
alta,
solo quedan mis dedos
llevando el compás.

Ha vuelto marzo

Tiembla el aire
con ese perfume de la tierra
que reconoce mi cuerpo.
¡Cómo olvidarlo!
¡Venid todos, venid!
ha vuelto marzo.
Marzo ha vuelto.

Tránsito

Ya quedaron mis ramas desnudas.
Que me pase de largo este otoño
y me llegue diciembre.
¡Blanca luz de la nieve,
ojos ciegos de amor
te esperan!

Piedra-agua

Lo que distrae al día,
lo que atormenta a la noche
es el agua,
la gota
de agua que resuena
en la fuente.
No saben que la fuente es de piedra
y la piedra no escucha.

La terraza (*a Miguel Ángel Llanos*)

Muestra el mismo abandono
que una vieja estación de tren clausurada,
el oscuro escenario
de mil años atrás, si los tuviera.
Sospecho que aún queda dentro
algún libro arrinconado,
una página suelta,
y vuelos de palabras sin registro,
en torno a una luz ilusoria, de pasillo,
que han dejado encendida.
No sería extraño
que perdure algún olor en el espacio,
como vino que ha entrado en la madera.
Es la misma, lo sé,
la que veía entonces y veo ahora,
pero aseguro que en ella
ha callado la música.
Esquinada en lo alto,
en el vacío,
tristemente oscura,
la terraza.

Se detendrán mis ojos

Ayuda

Blanca la niña de sus ojos
mirando el azul del cielo.
Sorda mi voz cuando pregunto.
Pero mis manos ayudan al rayo
y las suyas al trueno.

Semana Santa

Me acaricia la rosa
tan delicadamente,
como el manto de un Cristo
acaricia la fe.

Ahora sí

Y ahora sí,
se ha soltado el aroma del sándalo,
será que ya estás cerca.

Inspiración

En el borde de la pila cuadrada
aplaude con las alas
un pájaro invisible.
¡Se ha dado el día!

Inspiración

Verde muerto

De noche, afuera
descansa el plomo amarillo
de la espiga agostada,
el rojo carnoso
de la amapola que resiste,
sedienta.
El oscuro celeste
que oscurece la nube.
Pero ese verde muerto es de la sombra
que va de media noche
hasta el amanecer,
de un lado a otro, sin pasado
ni futuro, sin compañía.
El verde muerto es de la sombra
de la desesperanza.

Abanicos *(a Nita)*

I

Esperanza
El hilo espera
a que la luz lo encuentre en el olvido,
subir por un camino de alfileres,
plantar flores y semillas,
y en forma de abanico
rozar la piel del aire.

II

Nocturno
Cuando claves
el último alfiler,
podrá dormir la noche y soñar
con el velo nupcial del alba.

III

Sueños
Imaginar la luz
cuando entra en las celdas del encaje,
la respuesta del aire
cuando las flores del hilo
provocan,
son sueños de abanicos cerrados,
sobre el cristal tallado de la mesa.

IV

Huellas
Aguja y alfiler,
obreros del encaje.
Cuando acaben la tarea,
nadie responderá por ellos,
nadie sabrá que han existido.

V

Encajera

¡Qué alegre el repicar de los bolillos
cuando cruzan los hilos blancos
tus pensamientos!
El abanico
solo abrirá las alas del aire,
pero nunca hablará de tus secretos!

El dolor de la pérdida

Este dormido despertar.
El absurdo diario de pisarme la sombra.
Este huésped inútil que me habita
en la tierra de nadie de aquí dentro.
Mi garganta,
destino de venganzas,
resiste madejas de viento alrededor.
El llanto abandonado,
sin puñales de lluvia.
El silencio como escarcha
que cubre mi ventana,
donde arrima el costado
de una mesa para dos.
Y esta tórrida sed.
Esta hambre.
Este cuchillo.

El molino

Hay nubes gruesas sujetando
las aspas del molino.
A los pies
su quieta sombra
y el trigo amarillo.
El cielo lleva sobrepeso.
Un hombre agacha la cabeza,
sostiene en una mano el campo
de trigo,
asida la otra mano
a la mano del milagro.

Hay nubes que no sueltan
las aspas del molino.
Se acerca el óxido a su boca.
¡Mirad!
Bastaría un soplo de aire,
que el Poder levantara
un solo dedo.

Servidumbres de la voz

Agua

Agua que lleva el río y a la sombra
guarda para la sed
el ánfora.
También el día,
en el patio de horas,
se guarda las palabras
para un sueño
que ha de ser el consuelo de la noche.

Árbol

Vive en la cumbre
solo,
como un crucificado en la sospecha.
La raíz lleva el peso entero
de un monte
que es silencio y olvido.
Abajo el hermano árbol.
Un silencio atraviesa su sombra
apoyada en un muro de piedra.

Calidez en el brillo de una luz
que descansa en la ladera.
Hoja caída que la tierra rechaza
y el viento arrastra.
Volver.
Cada otoño es una llamada de atrás,
—sin voz—
tiempo de olvido.

Verde es la llama. ¡¡Venid amigas!! *(a Emi)*

Verde es la llama
del sol en primavera,
sobre la hierba.

====

Lee el pensamiento.
Pájaros y amapolas
bajo el sombrero.

====

¡Mirad qué imagen!
en las aguas tranquilas
ha florecido.

====

Se ha levantado
el sol, ya está lavando
la ropa el río.

La edad no tiene perdón

Llega la edad

sin compasión,

sin mirar donde pisa,

si corderos o lobos,

toda fragilidad revienta.

Llega igual que ave malhechora

a llevarse lo bueno.

Harta se irá

abandonando

la presa.

La edad de los niños (*a los nietos de la abuela Isabel*)

Era en verano.

De madrugada el sol subía a comprobar

la sed del trigo,

a levantar la noche que dormía

en el pinar.

En la hora siguiente

se acercaba al pueblo,

esperando en la entrada a que abriera,

porque entonces el tiempo no contaba,

carecía de números.

Era la edad de los niños.

Tampoco el tiempo cuenta ahora

que los días se juntan,

solo es tiempo el que queda por llegar.

Pero el sol no se ha ido,
aunque la casa está cerrada
nada impide volver,
crecer hacia atrás sin más razón
que la razón que al sueño mueve,
abrir la puerta,
oler el pan de la mañana,
escuchar el silencio de la noche
cuando en la noche puede oírse el silencio
de los niños.

Regreso

Vuelvo al Sur.

Como un pájaro se ha soltado mi pena.

En el camino puedo oír

la caída del crepúsculo,

lento como un salmo.

¡Cómo ha crecido el campo!

¡Ha doblado en altura!

Solo queda callar

a la última cigarra de la noche.

Y volverá a ser todo

como antes.

ÍNDICE

Prólogo 9

Aqueloo 15

I. Como el río que nace 17
Mitad de la mañana 19
Mi corazón era una casa 21

Como río (tríptico la ninfa de Aqueloo) 22
De niña a niña -la luz- 22
De niña a niña -la crecida- 23
De niña a niña -tiempo de indisciplina y experiencia- 25

Entrenamiento 26
En el pinar 27
Porque quiero que sonrías (a tía Luisa) 29
Luz detenida 30
La mentira 31
Febrero 32

II. Compartiendo los peces 33

Fado 35

Febrero en flor (a Lola Sánchez Platón) 37

¡De qué sirve la gloria (a Regina Maíllo) 38

Lluvia de esperanza 40

Dos gotas de agua 42

Abrazo en ceniza (a Félix) 43

Consciente ceguera 44

El abrazo (a Fátima) 45

Costumbre 46

Tiempos nuevos 47

Piedra-agua 49

La terraza (a Miguel Ángel Llanos) 50

Se detendrán mis ojos 51

Inspiración 52

Verde muerto 53

Abanicos (a Nita) 54

El dolor de la pérdida 57

El molino 58

Servidumbres de la voz 59

Verde es la llama. ¡¡Venid amigas!! (a Emi) 61

La edad no tiene perdón 62

La edad de los ninos (a los nietos de la abuela Isabel) 63

Regreso 65

Número 13 de la
Colección Dabisse Romero
bajo el cuidado de
Isabel Romero,
directora de la colección.
Se acabó de imprimir en Málaga,
en el mes de mayo del año 2025,
bajo el sello editorial de **Anáfora.**